AF341040

EDICT DV ROY,

PORTANT CREATION

en heredité, d'Vn Premier Huiſſier Audiencier, en chacun des Preſidiaux, Bailliages, Vicomtez, Elections en chef & particulieres, Greniers à Sel, Mareſchauſſées, Iuges Conſuls, Admirautez, Eauës & Foreſts, Traictes Foraines & Domaniales, & autres Sieges & Iuriſdictions Royales des Cours de Parlement & des Aydes de Roüen.

Verifié au Parlement & Cour des Aydes de Roüen les 7. Nouembre & 19. Decembre 1643.

A PARIS,

Par A. ESTIENE, Premier Imprimeur & Libraire ordinaire du Roy, ruë S. Iacques au College Royal, deuant S. Benoiſt.

M. DC. XLIV.

Auec Priuilege de ſa Maieſté.

EDICT DV ROY, PORTANT CREA-
tion en heredité, d'Vn Premier Huiſſier Audiencier en chacun des Preſidiaux, Bailliages, Vicomtez, Elections en chef & particulieres, Greniers à Sel, Eauës & Foreſts, Mareſchauſſées, Iuges Conſuls, & autres Iuriſdictions Royales des Cours de Parlement & des Aydes de Roüen.

L O V I S par la grace de Dieu Roy de France & de Nauarre, A tous preſens & à venir, Salut. Nous ayāt eſté propoſé, Qu'encores que par les Edicts de Creation des Of-fices d'Huiſſiers Audienciers, & les Arreſts de noſtre Conſeil, interuenus ſur l'execution d'iceux, & particulierement par celuy du vnziéme Decembre mil ſix cens vingt-ſix, Nous ayons fait defenſes aux Procureurs Poſtulans d'entreprendre ſur la fonction deſdits Huiſſiers, & de ſe donner par communication les vns aux autres les productions, pieces & autres actes & expeditions ſeruans aux procez & inſtructions d'iceux, és Iuridictions où leſdits Huiſſiers ſont eſtablis ; Neantmoins leſdits Procureurs de noſtre Prouince de Normandie ne laiſſent d'y contreuenir, au grand dommage deſdits Huiſ-ſiers, qui demeurent priuez de leurs fonctions & droicts, & les Parties en ſont ſurchargées, parce que leſdits Procureurs leur font payer beaucoup

A ij

plus que les droicts attribuez aufdits Huiſſiers; A quoy deſirant remedier, & pouruoir à ce que les Cauſes des Audiences ſoient appellées par vn bon ordre : A CES CAVSES, apres auoir fait mettre cette affaire en deliberation en noſtre Conſeil, où eſtoient noſtre tres-cher & vnique Frere le Duc d'Orleans, & aucuns Princes & Officiers de noſtre Couronne : Sçauoir faiſons, Que de leur aduis, & de noſtre certaine ſcience, pleine puiſſance, & authorité Royale, Nous auons par ceſtuy noſtre preſent Edict, perpetuel & irreuocable, creé & erigé, creons & erigeons en Titre d'Office formé & hereditaire, VN premier Huiſſier Audiencier en chacun des Preſidiaux, Bailliages, Vicomtez, Elections, Greniers à Sel, Eauës & Foreſts, Mareſchauſſées, Iuges Conſuls, & autres Iuriſdictions Royales des reſſorts de nos Cours de Parlement, & des Aydes de Roüen : Pour iouïr par ceux qui ſeront pourueus deſdits Offices audit Titre d'heredité, aux honneurs, authoritez, prérogatiues, preéminences, frāchiſes, rang & ſeance, à l'inſtar & comme iouïſſent les premiers Huiſſiers eſtablis en noſdites Cours de Parlement & des Aydes. Et pour donner moyen auſdits premiers Huiſſiers d'exercer leurs charges auec honneur, Nous leur attribuons priuatiuement à tous Huiſſiers, Greffiers, Clercs d'Audiance, & autres, l'appel de toutes les cauſes des Audiances de la Iuriſdiction du lieu de leur eſtabliſſement, que nous voulons eſtre doreſnauant par eux appellées à tour de Roolle; Leſquels feront auſſi les publications, expoſitions d'enche-

res, & procés verbaux de continuation d'icelles,
soit pour baux à ferme & loyer, ventes & adiudi-
cations par Decret, ou licitations des Terres, he-
ritages & fruicts, qui se feront esdites Audiances,
ou à la leuée d'icelles, & de tout ce qu'il y con-
uiendra lire & publier : Et outre, feront concur-
remment auec les autres Huissiers Audienciers,
les significations & communications concernant
l'instruction des procés : & faisons tres-expresses
inhibitiõs & deféses à tous autres Huissiers & Sergens de s'y entremettre ; & à tous Procureurs &
Greffiers, de bailler ou cõmuniquer aucune copie
sur leurs escritures & seings, à peine de faux, nul-
lité de procedure, & de tous despens, dommages
& interests desdites parties, & desdits premiers
Huissiers Audienciers; ains nous leur enioignons
de se seruir du ministere desdits Audienciers, ainsi
qu'il se pratique en nostre Parlement de Roüen.
Et pour regler les droicts desdits premiers Huissiers, Nous voulõs qu'il leur soit payé DEVX sols
pour l'appel de chacune cause : Et pour les publications qu'ils feront esdites Audiances, ou à la
leuée d'icelles, desdites encheres, continuations
ou remises, dont ils feront tenus dresser procés
verbaux, ensemble pour les significatiõs ou com-
munications qu'ils feront dans l'enclos du Pa-
lais, Auditoires & domiciles, ce qui est accoustu-
mé d'estre payé en chacune desdites Iurisdictiõs.
Tous lesquels droicts nous leur auons attribué
& attribuons, & entédons leur estre payez. Voulons aussi que lesdits premiers Huissiers Audienciers iouïssent de la faculté & pouuoir d'exploi-

ter & mettre à execution par tout noftre Royaume, toutes Commiffions, Arrefts, Iugemens, Sentences, Obligations, Contracts, Decrets, & tous
autres actes de Iuftice, qui leur feront baillez &
mis és mains, de quelques Iuges qu'ils foient
émanez, fans demander congé, placet, ne pareatis. Aufquels Offices fera par nous pourueu de
perfonnes capables, pour en iouïr & difpofer,
enfemble leurs vefues, heritiers ou ayans caufe,
audit tiltre d'heredité; fans que pour raifon de ce
ils puiffent eftre cenfez ny reputez domaniaux,
ny fujets à reuente, tiercement, doublement, ou
rembourfement, pour quelque caufe & occafion
que ce foit. Permettons auffi aux pourueus defdits Offices, leurs vefues, heritiers ou ayans caufe, de commettre en leur lieu & place l'vn des autres Huiffiers, pour en faire l'exercice; mefme en
attendant la vente defdits Offices, les Commis iouïront des mefmes fonctions & attribu-
tions que f'ils en eftoient pourueus: Et faifons
tres-expreffes inhibitions & defenfes à toutes
perfonnes de contreuenir au prefent Edict, à peine de cinq cens liures d'amende pour chacune
fois, applicables moitié à Nous, & l'autre moitié
aufdits premiers Huiffiers Audienciers: Et enioignons à nos Iuges & Officiers qu'il appartien-
dra, de proceder à la condemnation defdites pei-
nes & amendes, à peine d'en refpondre en leurs
propres & priuez noms.

Si donnons en mandement à nos amez
& feaux Confeillers les Gens tenans nos Cours
de Parlement & des Aydes à Roüen, de faire

publier & regiftrer noftre prefent Edict, & du contenu en iceluy faire iouïr plainement & paifi-blement ceux qui feront pourueus defdits Offices ; ceffant & faifant ceffer tous troubles & em-pefchemens au contraire, nonobftant tous autres Edicts, Ordonnances, Lettres & chofes à ce con-traires, aufquelles & aux derogatoires des dero-gatoires y contenuës, nous auons derogé & de-rogeons par cefdites prefentes, nonobftant auffi clameur de Haro, chartre Normande, oppofi-tions ou appellations quelconques, & fans pre-judice d'icelles, pour lefquelles ne voulons eftre differé; dont fi aucunes interuiennēt, nous auons referué la cognoiffance à noftredit Confeil, & icelle interdite & defenduë à tous nos autres Iu-ges : CAR tel eft noftre plaifir. Et fera adioufté foy comme à l'original, aux copies collationnées des prefentes par l'vn de nos amez & feaux Con-feillers & Secretaires. Et afin que ce foit chofe ferme & ftable à toujours, nous auons fait mettre noftre Seel à cefdites prefentes, fauf en autres chofes noftre droict & l'autruy en toutes. DON-NE' à Lyon au mois de Iuillet, l'an de grace mil fix cens quarente-deux, & de noftre regne le trente-troifiéme. Signé, LOVIS : & plus bas, Par le Roy, DE LOMENIE, à cofté, vifa, & feellé du grand Seau de cire verte en lacs de foye rouge & verte. Et plus bas,

Regiftré és Regiftres de ladite Cour, Oüy & reque-rant le Procureur General du Roy, pour auoir lieu & eftre executé, aux charges & modifications portées par

les Arreſt du Conſeil, Lettres de Iuſſion d ſa Maie=
ſté, des 4. Mars & 30. Iuin derniers, & Arreſt de la-
dite Cour de ce iourd'huy, A Roüen en Parlement, les
Chambres aſſemblées le ſeptiéme Nouembre mil ſix
cens quarente-trois. Signé, CVSSON.

EXTRAICT DES REGISTRES
de la Cour de Parlement.

VEV par la Cour les Lettres Patentes en
forme d'Edict, du feu Roy, données à Lyon
au mois de Iuillet mil ſix cens quarente-deux,
portant creation & erection en tiltre d'Offices
formez & hereditaires, D'VN premier Huiſſier
Audiencier en chacun des Preſidiaux, Bailliages,
Vicomtez, Elections, Greniers à Sel, Eaües &
Foreſts, Mareſchauſſées, & autres Iuriſdictions
Royales du reſſort de la Cour, pour iouïr par
ceux qui feront pourueus deſdits Offices, à l'inſtar & comme iouiſſent les premiers Huiſſiers
eſtablis en ſes Cours de Parlement, auec attribution priuatiuement à tous Huiſſiers, Greffiers,
Clercs d'Audience & autres, de l'appel de toutes
les cauſes des Audiences de la Iuriſdiction du lieu
de leur eſtabliſſement, pour eſtre par eux appellées à tour de Rolle, auec attribution de deux ſols
pour l'appel de chacune cauſe, Enſemble de la
faculté de pouuoir exploiter & mettre à execution par tout le Royaume, toutes Commiſſions,
Arreſts,

Arrefts, Iugemens , Sentences , Obligations,
Contracts , Decrets , & autres actes de Iuftice,
ainfi qu'il eft à plein mentionné efdites Lettres.
Arreft du Confeil du dixiéme Decembre audit
an 1642. donné fur les oppofitions formées à la
verification dudit Edict, par les Huiffiers Audienciers des Bailliages, Siege Prefidial de Roüen,
Vicomté dudit lieu, & autres : Lettres de Iuffion
du feiziéme dudit mois , pour l'execution dudit
Edict, nonobftant lefdites oppofitions : Arreft de
ladite Cour fur lefdites Lettres de Iuffion, du 12.
Ianuier, an prefent 1643. par lequel auroit efté
ordonné , que tres-humbles remonftrances fe-
roient faictes au Roy : Lettres de Iuffion expe-
diées fur ledit Arreft, du vingt dudit mois : Arreft
de ladite Cour du neufiéme Feurier enfuiuant ;
Contenant les remonftrances faictes par icelle au
Roy, de la confequence dudit Edict : Arreft du
Confeil du quatriéme Mars dernier, par lequel fa
Majefté ayant efgard aufdites remonftrances,
auroit defchargé dudit droict de deux fols & apel,
les inftances pour rendre les obligations executoires, & autres fpecifiées audit Arreft : Lettres
de Iuffion du neufiéme dudit mois, joinctes audit
Arreft auec autre Iuffion du Roy à prefent re-
gnant, expediée à Paris le dernier iour de Iuin,
an prefent, en confequence defdits Arrefts, tant
de ladite Cour que du Confeil : Lettre de cachet
de fa Majefté du 29. May dernier : Conclufions
du Procureur General du Roy, & oüy le rapport
du Confeiller Commiffaire : LA COVR, les
Chambres affemblées, ce requerant le Procu-

reur General du Roy , du tres-exprés comman-
dement de sa Majesté , A ordonné & ordonne,
que lesdites Lettres Patentes en forme d'Edict,
du mois de Iuillet 1642. seront regiftrées és Regiftres de ladite Cour , pour eftre executées felon
leur forme & teneur , aux charges & modifications portées par lefdits Arreft du Conseil & Lettres de Iuffion , des quatre & neufiéme Mars, &
trentiéme Iuin derniers ; Afçauoir , que lefdits
premiers Huiffiers ne pourront leuer ledit droiét
de deux fols pour les inftances intentées, afin de
rendre les obligations executoires ; lefquelles inftances en demeureront defchargées , & dudit
droiét pour l'appel d'icelle : Comme auffi pour
les caufes des Reglemés fur produétiõs,les Mandemens pour appeller garants , les profits de defauts, les delations de fermens, les prolongations
d'enqueftes & de temps accordé en faueur des
vefues , pour apprehender ou renoncer, leurs demandes en deliurance de doüaire : les intherine-
mens de Lettres d'interruption, conuocations,&
autres caufes qui ne vont qu'à l'inftruétion des
procez & inftances : Et fans que ledit droiét de
deux fols de chaque caufe, puiffe eftre augmenté
à l'aduenir pour quelque caufe & occafion que ce
foit , à l'exemption auffi de la Iurifdiétion des
Prieur & Confuls de la Ville de Roüen , & qu'il
ne fera pris droiét par lefdits pourueus, que pour
le premier appel de chacune nouuelle caufe: Que
les Sentences, Iugemens & Arrefts, ne pourront
eftre executez hors le reffort des Iuges defquels
ils feront donnez, fans congé ou pareatis, & que

la cognoiſſance des contrauentions audit Edict
demeurera reſeruée à ladite Cour. Et ſeront leſdites Lettres ou vidimus d'icelles & du preſent
Arreſt, enuoyez auſdits Sieges du Bailliage, Vicomtez, & autres Iuriſdictions Royales, pour y
eſtre pareillement regiſtrez & executez. FAICT
à Roüen en ladite Cour de Parlement, les Chambres aſſemblées, le ſeptiéme iour de Nouembre
mil ſix cens quarente-trois.

Signé, CVSSON.

EXTRAICT DES REGISTRES
de la Cour des Aydes.

V EV par la Cour les Lettres patentes du
Roy en forme d'Edict du mois de Iuillet mil
ſix cens quarante-deux, par leſquelles ſadite Majeſté, pour les cauſes & conſiderations y contenuës, a creé & erigé en tiltre d'Office formé, Vn
premier Huiſſier Audiencier en chacun des Preſidiaux, Bailliages, Vicomtez, Elections, Greniers
à Sel, & autres Iuriſdictions Royales des reſſorts du Parlement & de la Cour, aux fonctions &
droits y mentionnez, ainſi qu'il eſt plus à plein
contenu audit Edict. Arreſt du Conſeil d'Eſtat de
ſadite Majeſté, tenu à Paris le quatriéme iour de
Mars dernier; par lequel ayant aucunement eſ-
gard aux remonſtrances à elle faites par ladite Cour de Parlement, ſadite Majeſté auoit deſ-

B ij

chargé du droict de deux fols , & appel, les Inftances pour rendre les Obligations executoires,
les caufes pour les Reglemens fur productions,
les Mandemens pour appeller garands, les profits de defauts , les delations de fermens, les prolongations d'Enqueftes, & du temps accordé en
faueur des vefues, pour apprehender ou renoncer
leurs demandes en deliurance de doüaires : Les
entherinemens de Lettres d'interruption, con-
uocquations & autres caufes, qui ne vont qu'à
l'inftruction defdits Procez & Inftances. Et au
furplus, ordonné que ledit Edict feroit executé de
poinct en poinct felon fa forme & teneur, fans
que ledit droict de deux fols pour l'appel de chaque caufe, puiffe eftre augmenté à l'aduenir pour
quelque caufe & occafion que ce foit. Enjoinct
à fon Procureur General audit Parlement, de tenir la main à la verification dudit Edict, & d'en
aduertir le Confeil: Et au Parlement d'empefcher
qu'il ne foit commis par les pourueus defdits Offices de Premiers Huiffiers, aucune concuffion
au preiudice des fubjets de fa Majefté, fur les pei-
nes portées par les Edicts & Ordonnances. Autres Lettres de Iuffion adreffées à ladite Cour, en
confequence dudit Arreft du Confeil, le dernier
iour de Iuin dernier, pour la verificatiun dudit
Edict, aux modifications portées par ledit Arreft
du Confeil. Conclufion du Procureur General
du Roy, & oüy le rapport du Confeiller Commiffaire : Tout confideré, LA COVR les Seme-
ftres affemblez, A ordonné & ordonne, que lefdites Lettres en forme d'Edict, Arreft du Confeil,

& Lettres de Iuſſion des mois de Iuillet mil ſix cens quarante-deux, quatriéme Mars & dernier de Iuin mil ſix cens quarante-trois, ſeront regiſtrées és Regiſtres d'icelle, pour eſtre executées & auoir lieu, aux charges & modifications portées par ledit Arreſt du Conſeil du quatriéme de Mars dernier. Et ſeront les Vidimus deſdites Lettres & du preſent Arreſt, enuoyez auſdits Sieges des Elections, Greniers à Sel, & autres Iuriſdictions Royales du reſſort de ladite Cour, pour y eſtre pareillement regiſtrez & executez. FAIT à Roüen en ladite Cour des Aydes, le 19. iour de Decembre mil ſix cens quarante-trois.

Signé, DE L'ESTOILLE.

EXTRAICT DES REGISTRES
du Conſeil d'Eſtat.

ENTRE Maiſtre Eſtienne Leſturgeon, Gilles Denis, Nicolas Leſguillon, & Denis Bataille, Huiſſiers Audienciers au Bailliage & Vicomté de Roüen, oppoſans à la verification de l'Edict du mois de Iuillet 1642. Portant creation en heredité, D'VN premier Huiſſier Audiencier en chacun des Preſidiaux, Bailliages, Vicomtez, Elections, Greniers à Sel, Iuges-Conſuls, & autres Sieges & Iuriſdictions Royales du reſſort des Cours de Parlement & des Aydes de Roüen, defendeurs & aſſignez pour déduire leurs pretenduës cauſes d'oppoſition, ſuiuant l'Exploict d'aſſignation de Quiquebeuf Huiſſier au Conſeil, le 11. Octobre dernier, & pour voir dire que ſans y auoir égard, il ſera procedé & paſſé outre à la verification puremét & ſimplemét dudit Edict, auec deſpens, dommages & intereſts ; Et incidemment demandeurs en requeſte du 4. Nouembre 1642. à ce que faiſant droict ſur l'oppoſition, ils ſoient maintenus en la poſſeſſion & jouïſſance de leurſdits Offices d'Huiſſiers Audienciers, appel des cauſes, & toutes les fonctions à eux attribuées par les Edicts & Declarations de ſa Majeſté, ſans qu'ils y puiſſent eſtre troublez en conſequence dudit Edict de creation d'vn Premier Huiſſier Audiencier, lequel ne pourra eſtre eſtably audit Bailliage & Vicomté de Roüen, aux offres qu'ils font de rembourſer le prix de la finance dudit Office de premier Huiſſier en ladite Vicomté, frais & loyaux couſts, au preiudice des oppoſitions, d'vne part : Et Guillaume Prouin qui a traicté auec ſa Majeſté de la vente en heredité deſdits Offices de premiers Huiſſiers Audienciers, defendeur à ladite oppoſition, & demandeur aux fins fins dudit Exploict du 11. Octobre dernier, d'autre part. Veu par le Roy en ſon Conſeil l'Acte d'oppoſition deſdits oppoſans, faite au Greffe dudit Parlement de Roüen, Ordonnance de la Cour eſtant au bas de ladite oppoſition du 13. Octobre dernier, portant que les oppoſitiós ſeront communiquées au Procureur General de ſadite Majeſté : Exploict d'aſſignation donnée au Conſeil, ſur leſdites oppoſitions dudit iour 11. Octobre : La requeſte incidente deſdits

opoſans dudit iour 4. Nouēbre; Productions des
parties; l'Edict de creation d'vn Huiſſier Audiencier au Bailliage & Vicomté de Roüen de l'an
1578. verifié en la Cour de Parlement de Roüen
le 19. Ianuier 1579. par lequel attribution eſt faite
auſdits Huiſſiers Audiēciers, de pouuoir appeller
les cauſes, & faire toutes les proclamations neceſ-
ſaires aux Audiences de ladite Vicomté, enſemble
toutes ſommations, collations de pieces-& autres
Exploicts. Autre Edict du 20. iour de May 1599.
par lequel on auroit creé deux Huiſſiers Audienciers aux Bailliages & Vicomtez de la Prouince
de Normandie, auec pouuoir d'exploiter par tout
le Royaume, & appeller les cauſes qui ſe plaident
aux Audiences l'vn apres l'autre & par ſepmaine,
ſuiuāt le rolle qui en ſera à cette fin dreſſé par leſdits Huiſſiers : Et pour l'appel des cauſes, ſa Majeſté leur a attribué & permis prendre vn ſol pour
chacune de celle qui ſera par eux appellée auſdi-
tes Audiences de ladite Iuriſdiction, verifiée audit Parlement de Roüen le 20. Mars 1603. Arreſt du Conſeil d'Eſtat du Roy, du 9. Iuillet 1611.
entre Daniel le Mercier, & Gilles Patris, Huiſſier Audienciers en la Iuriſdiction des Cōſuls dudit Roüen, d'vne part, & la Communauté des
Huiſſiers dudit Bailliage & Vicomté de Roüen;
Par lequel ordōne ſa Majeſté, que leſdits le Mercier & Patris ſeront maintenus & conſeruez en la
poſſeſſion & jouïſſance deſdits Offices, ſi mieux
n'aime ladite Communauté deſdits Huiſſiers &
Sergens, les rembourſer dans vn mois pour toutes
prefixions & delais, de la finance entrée aux cof-

fres de sa Majesté, & de ce qu'ils ont payé pour le
Marc d'or, frais de Lettres, & loyaux cousts, taxez
& liquidez pour chacun d'eux, à la somme de cent
liures. Moyennant lequel remboursement, sadite
jesté a reüny lesdits Offices d'Huissiers Audienciers au corps de ladite Communauté, pour le reü-
nir conjointement, & sans qu'ils les puissent sepa-
rer pour quelque cause que ce soit ; A la charge
que lesdits Sergens assisteront par tour aux iours
& Seances que ladite Iurisdiction des Consuls
tiendra, pour appeller les causes. Autre Arrest
dudit Parlement de Roüen, du 8. Aoust 1611.
par lequel est ordonné que ledit Arrest du Conseil
sera regiftré, leu & publié en la Iurisdiction desdits Consuls, & autres Iurisdictions. Autre Arrest dudit Conseil d'Estat, du 11. Decembre 1626.
par lequel est ordonné que lesdits Huissiers seront
côtraints payer chacun les sommes ausquelles ils
seront moderément taxez audit Conseil, pour estre
maintenus seuls à l'appel des causes, auec vn sol
d'attribution, communiqueront les productions,
& faire autres exploicts necessaires. Autre Arrest dudit Conseil d'Estat, du 14. Octobre 1629.
par lequel sans auoir esgard aux oppositions formées par lesdits Huissiers Audienciers, & aux
Arrests tant dudit Parlement que Cour des Aydes de Roüen, du dernier Iuin 1627. & de Iuillet
ensuiuant, ny aux remonstrāces y contenuës, que
sadite Majesté a leuées & ostées ; que l'Arrest
dudit Conseil du 11. Decembre 1626. sera executé. Autre Arrest dudit Conseil du 11. Iuillet
1632. par lequel sa Majesté a leué la modification
portée

portée par l'Arreſt de verification dudit Edict du mois de May 1599. & ordonné que ledit Edict ſortira ſon plein & entier effect, & que les pour-ueus auſdits Offices joüiront conformément à iceluy. Autre Arreſt dudit Conſeil donné en 1637. ſur l'oppoſition formée par leſdits Huiſ-ſiers & Sergens dudit Roüen, à la reception des ſuſnommez Potel & Mazire, vacant par mort; par lequel eſt ordonné que leſdits Offices de-meureront eſteints & ſupprimez : & que mort aduenant des autres Sergens, attendu le grand nombre, demeureront auſſi eſteints & ſuppri-mez, iuſques à ce qu'ils ſoient reduits au nombre ancien : Permis à la Communauté deſdits Huiſ-ſiers & Sergens de rembourſer ledit Potel & Ma-zire, du prix porté par leur Concordat. Autre Arreſt dudit Conſeil, du 6. Iuillet 1641. donné entre vn nommé Picot Huiſſier Audiencier en la Vicomté de Caën, ſur l'empeſchement fait par le Vicomte dudit lieu audit Picot, d'appeller les cau-ſes ; par lequel eſt ordonné que ledit Edict du mois de May 1599. ſera executé, auec defenſes audit Vicomte de Caen & tous autres, de le trou-bler. Copie dudit Edict portant creation d'vn premier Huiſſier Audiencier en chacun des Pre-ſidiaux, Bailliages, Vicomtez, Greniers à Sel, Iuges-Conſuls, & autres Iuſtices & Iuriſdictions Royales du reſſort dudit Parlement & Cour des Aydes de Roüen, auec deux ſols d'attribution pour l'appel de chacune cauſe ; & faire les com-munications des pieces des parties concernant l'inſtruction des procez : Outre, faire tous autres

C

Exploits dans l'enclos defdites Iurifdictions, priuatiuement, & à l'exclufion des autres Huiffiers
Audienciers defdites Iurifdictions, dudit mois de
Iuillet 1642. Requefte prefentée par lefdits
Huiffiers Audienciers dudit Bailliage & Vicomté
de Roüen, en forme d'oppofition à la verification dudit Edict, au bas de laquelle eft l'Ordonnance de ladite Cour de Parlement de Roüen;
contenant que les oppofitions feront communiquées au Procureur Geueral dudit Parlement,
du 11. Octobre dernier. Autre Arreft dudit Confeil du 3. Septembre dernier, par lequel eft ordonné que les nommez Picot & Patris, Huiffiers és
Vicomtez de Caen & Bayeux, feront affignez audit Confeil pour eftre ouïs fur les fins de leur oppofition : Exploict d'affignation eftant au bas d'i-
celuy, aufdits Huiffiers dudit Bailliage & Vicomté de Roüen, audit Confeil, pour eftre ouïs fur
leurfdites oppofitions, Et tout ce qui a efté mis &
produit par deuers le fieur Commiffaire à ce de-
puté. Ovy fon rapport, Et tout confideré: Le
ROY EN SON CONSEIL, a debouté & deboute lefdits oppofans de leurs oppofitions & offres de
rembourfement & Requefte incidente, & les a
condamnez aux defpens de l'inftance moderez à
deux cens cinquante liures parifis : Et en confequence, enioinct tres-expreffément fa Majefté
audit Parlement de Roüen, de proceder incef-
famment à la verification pure & fimple dudit
Edict ; & à fon Procureur General d'y tenir la
main & requerir ladite verification, dont il fera
tenu certifier le Confeil au mois ; le tout nonob-

ſtant & ſans preiudice des oppoſitions faites & à
faire, dont ſadite Majeſté s'eſt reſerué la connoiſ-
ſance, & icelle interdite & defenduë à toutes ſes
Cours & autres Iuges. FAIT au Conſeil d'E-
ſtat du Roy, tenu à Paris le 10. iour de Decembre
16. Signé, LE RAGOIS.

Collationné aux originaux, par moy Conſeiller Secre-
taire du Roy, Maiſon & Couronne de France
& de ſes Finances.